Photographed by Francis Bedford during
the Tour in the East on which by Command
he accompanied His Royal Highness the
Prince of Wales

Plate 1. Jerusalem General View from
the Mount of Olives.

ENDURING IMAGES

19th Century Jerusalem through lens and brush

From the collections of
Joseph Hackmey - The Israel Phoenix
Dan Kyram
Amos Mar-Haim

Bible Lands Museum Jerusalem

מולר-גלוק
פנורמה של ירושלים, 1840 לערך
ליטוגרפיה | אוסף עמוס מר-חיים

Muller-Gluck
PANORAMA OF JERUSALEM, c. 1840
Lithograph | Amos Mar-Haim Collection

ליטוגרפיה מתצלום של ארמטה פיארוטי (איטלקי)
ירושלים מהר הזיתים, 1853
אוסף עמוס מר-חיים

Lithograph from a photograph by Ermete Pierotti (Italian)
JERUSALEM FROM THE MOUNT OF OLIVES, 1853
Amos Mar-Haim Collection

פליקס בונפיס (צרפתי, 1885-1831)
פנורמה של ירושלים, 1870 לערך
הדפס חלבון | אוסף יוסף חכמי - הפניקס הישראלי

Felix Bonfils (French, 1831–1885)
PANORAMA OF JERUSALEM, c. 1870
Albumen Print | Joseph Hackmey - Israel Phoenix Collection

orama of Jerusalem taken from Mt of Olives (n° 2).

300

Bonfils

5

This publication was made possible by the generous support of:
Joseph Hackmey - The Israel Phoenix
Lands of the Bible Archaeology Foundation, Toronto, Canada
State of Israel, Ministry of Science, Culture and Sport

This catalogue was published in conjunction with
a special exhibition held at the Bible Lands Museum Jerusalem:
Enduring Images - 19th Century Jerusalem through Lens and Brush
May, 8, 2002

Lenders:
Joseph Hackmey - The Israel Phoenix
Dan Kyram
Amos Mar-Haim

Exhibition
Curator: Dan Kyram
Publicity and Press: Amanda Weiss

Catalogue
Graphic Design: Nomi Morag
English Editor: Lindsey Taylor-Guthartz
Hebrew Editor: Miriam Curelary
Coordinator: Sue Blaisdell
Photography: David Harris (Prints & Drawings)
Colour separations, printing and binding: Keterpress Enterprises, Jerusalem

Printed in Israel, 2002
Published by: Bible Lands Museum Jerusalem

ISBN 965-7027-13-6

Preface

Pray for the well-being of Jerusalem,
may those who love you be at peace.
(Psalms 122: 6)

The Bible Lands Museum Jerusalem was founded in 1992, to house one of the world's most important collections of ancient Near Eastern art and archaeology, which serves to place the Bible in its historical perspective. The spiritual source of Judaism and Christianity is rooted in Jerusalem—the City of Gold, the heart of the Holy Land.

Artists throughout the ages have struggled to capture the unique quality of Jerusalem on canvas, and with the development of photography, in the mid-nineteenth century, on film as well.

In celebration of the tenth anniversary of the Bible Lands Museum Jerusalem, and in honour of the thirty-fifth anniversary of the reunification of Jerusalem, we are pleased to present **Enduring Images – 19th Century Jerusalem through Lens and Brush.** This exhibition presents a rare selection of some of the finest views of Jerusalem as seen through the camera's lens and the artist's brush. The city of Jerusalem has been a source of inspiration for people of all faiths for millennia. We hope this exhibition catalogue will be enjoyed by all who share our love for this great city.

We would like to express our gratitude to Joseph Hackmey and the Israel Phoenix Company for sponsoring this exhibition and for lending from their beautiful collection, and to Dan Kyram for organizing and curating this exhibition, in addition to lending an extensive collection of his photographs. Our special thanks go to Amos Mar-Haim, who lent his collection of prints and drawings, and whose wisdom and foresight were responsible for bringing all the key individuals together to make this exhibition and catalogue a success. We would also like to thank Keter Publishing for another beautiful catalogue.

Batya Borowski
Director
Bible Lands Museum Jerusalem

Jerusalem through Lens and Brush

Joseph Hackmey

When I started collecting Israeli art 25 years ago, I was not only interested in the artistic aspect of the works, but also in the historical and ethnographic aspects: What did the Land of Israel look like in earlier times, and how did the people live then? I therefore concentrated on works of art that depicted life in the Land of Israel, the landscapes and their inhabitants in those times, as well as possessing intrinsic artistic value.

During the nineteenth century, the Land of Israel attracted not only statesmen, soldiers, and spiritual figures, but also artists — writers, painters and photographers, the latter documenting the land from the invention of photography onwards. One of the first photographers was the Frenchman Frederic Goupil-Fesquet, who first photographed Jerusalem in daguerrotype in 1839. He was followed by photographers from different countries, some of whom settled in Jerusalem and taught photography to the local population, who in turn became photographers of the city. These photographs vividly reflect the influence Jerusalem exerts on its holy sites, its inhabitants, and their daily lives, while remaining faithful to both the majesty and the difficulties of Jerusalem life, evident then just as now.

I am happy to participate in the unveiling of this treasure of photographs of Jerusalem from the nineteenth century, and to share with you the experience of the collector and his pleasure at seeing his collection exhibited in this beautiful, exciting museum in Jerusalem.

I would like to thank everyone who worked on and contributed to this exhibition and catalogue, especially Dan Kyram, curator of the museum exhibition and Amos Mar-Haim, initiator of the idea, and I am honoured by the patronage of the Israel Phoenix Company.

Jerusalem through the lens

Dan Kyram

Photography was born in 1839, and from that moment complex relationships developed between this new technology — which quickly developed into an art — and the traditional graphic arts, painting and engraving. This close relationship produced a series of interesting mutual influences.

Until 1839, artists and engravers visually described the world, its views, objects, people and their creations. The camera, which during its first decades had not yet learned to lie, revolutionized visual reporting by introducing an unprecedented accuracy.

At the beginning of the nineteenth century, immediately following Napoleon's retreat from the area, the Near East opened up to western visitors. These included artists who could now accurately describe what they saw without being suspected as spies by the Ottoman rulers (as were adventurous visitors before this time). During the first forty years of the nineteenth century, before the invention of photography, drawings and paintings made for the European market dealt with archaeological, ethnographic and topographic subjects. The Romantic era provided European artists with inspiration for describing the awesome, the sublime and the picturesque in Bible lands. In reality these historic sites were small and dilapidated cities, set in dull landscapes occupied by sparse, backward populations.

The stories of the Bible, together with the opening of the Holy Land to visitors, researchers, writers and artists, increased the public's appetite for corresponding visual description. Thus, when the artist David Roberts arrived in the area in 1839, his drawings and narrative fired the imagination and presented a model of accurate visual descriptions laced with some enthusiastic imagination.

Similar were the paintings of Luigi Mayer (in the service of his patron, British Ambassador in Constantinople, Sir Robert Ainslie), J. M. W. Turner, (who never visited the region but translated the accurate drawings of 1819 by the architect Sir Charles Barry into beautiful paintings and engravings), and William Henry Bartlett.

The arrival of photography freed the artists from having to produce relatively accurate drawings. They were now able to engage their imagination and manipulate space, light and atmosphere to create special effects in their pictures, without totally destroying the illusion of reality. Thus, the artists moved from visual reporting to visual expression.

In its first years the camera imitated painting, and the earliest photographers sought to record views and landscapes which they had previously seen as engravings in books by Mayer, Turner, Roberts, Bartlett and others. Later the process was reversed, and it was the artists who used photography to help them with their works.

The Orientalist artist Jean Louis Gerome was fascinated by photography and used photographs he had taken. The painter Thomas Seddon brought home photographs taken by his friend James Graham in the Holy Land. Eugene Delacroix used ethnographic portraits by his friend, the photographer Eugene Durieu, as did painters Ludwig Deutch, William Holman Hunt and Frederick Church, who used photographs by Beato, Bonfils, Graham and others.

Comparison of paintings and engraving to photographs sold to visitors to the Holy Land reveals great similarities, especially after local commercial photographers started selling their works in the 1860s.

Although the camera in those years 'did not lie', photographers, like artists, manipulated their pictures. They were aware that the barren landscapes and dull ruins were unappealing, even with their associations to biblical texts, so they added figures or animals (camels, donkeys, etc.), artificially posed in strategic spots. These occasionally helped to explain the subject (as in the case of Bonfils' 'models' at the Western Wall, the entrance to the Holy Sepulchre, or praying in a mosque, etc.).

Forty years passed from the invention of photography to the invention of the half-tone printing process. The first photograph appeared in print on 4 March 1880, in the *New York Daily Graphic*. During these four decades, photographs were presented to the public pasted on to pages in books, as three-dimensional stereographs viewed through a stereoscope, or were made into engravings.

The first photographs in the Holy Land were taken by Horace Vernet and Frederic Goupil-Fesquet. They commenced their photographic journey in the region in Egypt on 6 November 1839, barely three months after the invention of photography, and the announcement of the daguerreotype process. Their unique daguerreotypes, on silver-plated copper plates, were transformed into engraved plates to be printed as 'engravings from daguerreotypes' in their book *Excursions*

Daguerriennes, published in 1841 in Paris. They were followed by the daguerreotypists Joseph Filibert Girault de Prangey in 1842 and George Skene Keith in 1844.

Photographer Maxim Du Camp, accompanied on his travels by the writer Gustave Flaubert, used the salt-paper process, and the photographs from his visit in 1849 were pasted in a book published in 1852. The same method was used by August Salzmann in 1854, attempting to prove with photographs the findings of his friend, the archaeologist Felicien de Saulcy. The French photographer Louis de Clerc, who photographed in the Holy Land in 1859, accompanied an archaeological scientific delegation. All these photographers came with the aim of verifying archaeological findings by means of photography.

From the end of the 1850s, a growing number of photographers, using the wetplate-collodion technique, visited the Holy Land. Among them were the Rev. A. A. Isaacs (1856), G. W. Bridges (1846), John Cramb (1860), James Robertson and Felice Beato (1857), Francis Frith (1858), Frank Mason Good (1860s), Francis Bedford (accompanying the Prince of Wales by command of Queen Victoria, in 1862) and James McDonald (in 1864 and 1868).

There were some noted commercial photographers who operated studios in the region and sold photographs of the Holy Land, such as the Bonfils family (father Felix, his wife Lydie and son Adrian, in Beirut from 1867), Tancrede Dumas (Beirut), the Zangaki brothers (Port Said), and L. Fiorillo (Alexandria). Important resident photographers in Jerusalem were James Graham (from 1853), Mendel John Diness (from 1856), the Armenian Yessai Garabedian (from 1860), Peter Melville Bergheim (from 1863), Grabed Krikorian (from 1870), Yeshayahu Raffaelovich (from 1894), and the photographers of the American Colony (from Kaiser Wilhelm II's visit in 1898 onwards).

According to the bibliographer Reinhold Röhricht, more than 3,000 books about the Holy Land were published before the year 1878, of which some 2,000 appeared between 1800 and 1878. Most of these (about 1,600) were published between 1838 and 1878.

Many of these books were illustrated by engravings, lithographs, and chromolithographs, often made after photographs, either bought from existing stock or especially photographed by the author or his photographer for the purpose of converting them into line illustrations.

A few books included pasted photographs (salted paper or albumen prints), later with pasted carbon prints, woodburytypes or heliotypes. After the invention of photomechanical reproduction, photographically illustrated books included photogravures or halftones.

From the advent of the halftone plate, methods developed and improved rapidly, and photographs could now be printed with acceptable clarity, good contrast, and sharpness. As high-quality photographs appeared, the volume of photographically illustrated books increased, while the quantity of line illustrated books decreased. The lens had won decisively over the engraved plate.

This exhibition presents nineteenth-century Jerusalem through original photographs and engravings and provides an opportunity to compare the views of the Holy City more than a century ago.

Jerusalem by the Brush

Amos Mar-Haim

Jerusalem, the Holy City, has always been the subject of drawings and illustrations. However, in spite of its importance as the focus of prayer and yearning, few of those who drew Jerusalem had actually visited the city. Cornelius de Bruyn was an exception; he drew Jerusalem exactly as he saw it in 1681. Nevertheless, for decades afterwards, cartographers and artists gave free rein to their imaginations, depicting Jerusalem as a Byzantine castle or a European fortress.

Interest in Jerusalem burgeoned in the early nineteenth century. The decline of the Ottoman sultanate paved the way for increasing attention to Jerusalem on the part of more powerful countries, thanks to its importance as a religious site, its geopolitical centrality, and its rich archaeological and historical legacy. However, since most of the contemporary powers were allies of the Turkish sultan, politically acceptable methods were used to express this interest. European countries opened consulates to look after the interests of foreign residents; sponsored archaeological expeditions which began to survey, research, and excavate; opened national hostels for pilgrims; founded postal services; and set up many religious foundations. These institutions attracted diplomats, priests, archaeologists, engineers, noblemen, tourists, journal-writers, and in addition, artists, painters, and photographers.

Artists who painted Jerusalem in the nineteenth century came from many countries and from different cultures. Some were sent by diplomats: Louis François Cassas (1756-1827) came to Jerusalem as an envoy of the French consul in Constantinople, and in 1788 produced impressive and detailed engravings of the city in the classical style. Luigi Mayer (1755-1803) visited Jerusalem at the same time as an envoy of Sir Robert Ainslie, the British consul in Constantinople (Istanbul), and depicted Jerusalem in a series of colourful aquatints, which were published from 1803 onwards; his work is characterized by an endearing and naive charm.

Men of noble birth who were famous in their own right came from France. Louis Nicolas Philippe Auguste, Comte de Forbin (1771-1841), was a painter and a man of the arts, who directed the national museums in France, and expanded the Louvre. Forbin was among the first to use the lithography technique. An album that he published in 1819, *A Journey to the Levant*, includes most impressive depictions of sites in Jerusalem.

The Marquis Leon Emmanuel Simon Joseph de Laborde (1807-1869), who had also been a director of the Louvre, portrayed Jerusalem in all of its beauty in a series of lithographs that were published in 1830-33.

Another French painter was Alexandre Bida (1813-95), one of Delacroix's students, who visited Jerusalem in 1855; his wonderful painting of the Western Wall is generally considered the best painting of this site.

Among the British artists who painted Jerusalem, the most outstanding is Joseph Mallord William Turner (1775-1851), although he never actually visited the city. He relied on sketches done by other artists, among them Sir Charles Barry (1795-1860), a well-known architect. Turner's engravings were published in 1835-37, to critical acclaim.

Possibly the best-known depictions of Jerusalem are those of the British artist David Roberts (1796-1864), who visited Jerusalem in 1839. His lithographs, published from 1842 onwards, proved very popular. They added a certain splendour and majesty to the historic sites, imbuing them with the romanticism typical of this period. Forbin and Laborde had portrayed the every-day Jerusalem; Roberts added something of the city's eternal quality.

William Henry Bartlett (1809-1854), a British architect, began visiting Jerusalem in 1834. In the course of two decades he published several books on Jerusalem, and his beautiful engravings were often reprinted.

Nineteenth-century painters of Jerusalem came from most of the European countries. Among them should be mentioned Carl Friedrich Heinrich Werner (1808-1894), a German, who in 1866 published chromolithographs that were breathtakingly beautiful, excelling in their attention to minute details of architecture and landscape.

Besides the many famous professional artists, amateur artists came to Jerusalem as tourists and pilgrims. One of them, Lady Louisa Tennison, published a series of lithographs in 1834.

Another amateur painter was Edmond Paris (1806-1893), who served as a Rear-Admiral in the French Navy. He visited Jerusalem in 1861 and produced a series of colour lithographs showing sites in Jerusalem, especially indoor scenes, which, because of the darkness, were difficult to photograph.

A large part of the verbal descriptions of Jerusalem were done by historians and archaeologists, the most outstanding being Ermete Pierotti, an Italian army engineer, who arrived in Jerusalem in 1854 and was appointed engineer of the district of Jerusalem by the Turkish governor of the city. Pierotti was also an excellent photographer, and the lithographs he published in 1864 were based on his photographs, documenting the important sites of the city. Among his successors was the Reverend A. A. Isaacs, who visited Jerusalem in 1857. He too created beautiful lithographs from his photographs, especially those of the Temple Mount.

In the second half of the nineteenth century, books that were richly illustrated began to be published alongside the monumental limited-edition photograph albums. The list of these works is long and impressive, but the most outstanding is *Picturesque Palestine, Sinai and Egypt*, published in 1880 by Colonel Charles William Wilson (1836-1905), one of the directors of the Palestine Exploration Fund. In addition to the scientific research and documentary information, the book contains hundreds of wood and steel engravings. Many of the illustrations were based on contemporary photographs of Jerusalem, and the engravings were mainly done by the artists Harry Fenn (1838-1911) and John Douglas Woodward (1848-1924).

The transition to the popular illustrated book paralleled the development of photography. Photographs of Jerusalem increased in number, but while artists could use various printing techniques, such as engraving, woodcuts, and lithography, photographs could not be printed directly before 1880; they could only be reproduced as engravings. At that time the artistic print was the predominant process, since it could be produced in larger dimensions, hand-coloured and above all, reflected not only the objective reality but also the outlook and aspirations of the artists, commensurate with their talents. Outstanding photographers like John Cramb published their photographs in the form of etchings, and those people who desired an actual photograph needed to look for the original.

The original photographs made in Jerusalem in the 19th century constitute not only a source of documentation of people and places but are also beautiful works of art.

Glossary

Albumen Print
Photographic prints made on thin paper coated with albumen (egg white) containing silver halides. In use from 1850 to 1890.

Aquatint
A print reproduced from an acid etched copper plate, resembling a watercolour in its tonal effects.

Daguerreotype
Photographic process invented by Louis Daguerre and introduced in 1839. The unique image was produced on a small silvered metal plate.

Engraving
A print produced from an incised woodblock ('wood engraving') or metal plate ('steel or copper engraving').

Lithograph
A print produced from a flat wetted limestone on which the design is drawn in grease and then coated with oily ink which clings only to the greasy design.

Stereograph
Three-dimensional image produced by taking two photographs from viewpoints about 65 mm apart, viewed through a stereoscope, a device which allows each eye to see one picture. In use from 1858 to 1935.

Catalogue

Daguerréotype Lerebours.

Salathé, sc

JÉRUSALEM.

PUBLIÉ PAR

RITTNER & GOUPIL, Boulev.t Montmartre, 15.   N.-P. LERBOURS, Place du Pont Neuf, 13.   H.r BOSSANGE, Quai Voltaire, 11.

פרדריק גופיל-פסקה (צרפתי)
ירושלים, 1840
התצלום הראשון של ירושלים: תחריט מתצלום דאגרוטייפ מקורי
אוסף עמוס מר-חיים

Frédéric Goupil-Fesquet (French)
JERUSALEM, 1840. The first photograph of Jerusalem: An engraving
after an original daguerreotype.
Amos Mar-Haim Collection

פרנק מייסון גוד (בריטי)
** ירושלים, 1862 לערך**
הדפס חלבון | אוסף עמוס מר-חיים

Frank Mason Good (British)
JERUSALEM, c. 1862
Albumen Print | Amos Mar-Haim Collection

Photographed by Francis Bedford during the Tour in the East on which by Command he accompanied His Royal Highness The Prince of Wales.

Plate 14. Jerusalem General View from the Mount of Olives.

פרנסיס בדפורד (בריטי 1816–1894)
מבט כללי מהר זיתים, 1862
הדפס חלבון | אוסף דן כירם

Francis Bedford (British, 1816–1894)
GENERAL VIEW FROM THE MOUNT OF OLIVES, 1862
Albumen Print | Dan Kyram Collection

מ. ג'קסון
ירושלים מהר הזיתים
מתוך: אילוסטרייטד לונדון ניוז, 22 בנובמבר 1862
תחריט עץ | אוסף עמוס מור-חיים

M. Jackson
JERUSALEM FROM THE MOUNT OF OLIVES
From the Illustrated London News, November 22, 1862
Wood engraving | Amos Mar-Haim Collection

838 Panorama de Jérusalem, pris du Nord (n° 1). — Panorama of Jerusalem, taken from the North (n° 1).

בית בונפיס (צרפתי)
פנורמה של ירושלים, מצולמת מכוון צפון, 1885 לערך
הדפס חלבון | אוסף דן כירם

Maison Bonfils (French)
PANORAMA OF JERUSALEM TAKEN FROM THE NORTH, c. 1885
Albumen Print | Dan Kyram Collection

בית בונפיס (צרפתי)
פנורמה של ירושלים מכוון צפון, 1880 לערך
הדפס חלבון | אוסף דן כירם

Maison Bonfils (French)
PANORAMA OF JERUSALEM, FROM THE NORTH, c. 1880's
Albumen Print | Dan Kyram Collection

ג׳יימס רוברטסון ופליס ביאטו
גן גת שמנים וחומת ירושלים, 1857
הדפס חלבון | אוסף דן כירם

James Robertson and Felice Beato
THE GARDEN OF GETHSEMANE & THE EASTERN WALLS OF JERUSALEM, 1857
Albumen Print | Dan Kyram Collection

ג'יימס דאפילד הארדינג (בריטי, 1798-1863)

עצי זית בגן גת שמנים, 1835

תחריט לפי רישום של גב' ברייסברידג' | אוסף עמוס מר-חיים

James Daffield Harding (British, 1798-1863)
OLIVE TREES NOW STANDING IN THE GARDEN OF GETHSEMANE, 1835
Engraving from a sketch by Mrs. Bracebridge | Amos Mar-Haim Collection

דייוויד רוברטס (בריטי, 1796-1864)
שער שכם, 1839
ליטוגרפיה | אוסף עמוס מר-חיים

David Roberts (British, 1796-1864)
DAMASCUS GATE, 1839
Lithograph | Amos Mar-Haim Collection

פליקס בונפיס (צרפתי, 1831–1885)
שער שכם, 1870 לערך
הדפס חלבון | אוסף יוסף חכמי - הפניקס הישראלי

Felix Bonfils (French, 1831–1885)
DAMASCUS GATE, c.1870
Albumen Print | Joseph Hackmey - Israel Phoenix Collection

פליקס בונפיס (צרפתי, 1885-1831)
שער הזהב (הרחמים), 1870 לערך
הדפס חלבון | אוסף יוסף חכמי - הפניקס הישראלי

Felix Bonfils (French, 1831–1885)
THE GOLDEN GATE, c. 1870
Albumen print | Joseph Hackmey - Israel Phoenix Collection

Golden Gate of the Temple
Showing part of the ancient walls

דייוויד רוברטס (בריטי, 1864-1796)
שער הזהב של בית המקדש, 1839
ליטוגרפיה | אוסף עמוס מר-חיים

David Roberts (British, 1796-1864)
GOLDEN GATE OF THE TEMPLE, 1839
Lithograph | Amos Mar-Haim Collection

פליקס בונפיס (צרפתי, 1831-1885)
שער הזהב (מבט מתוך החומה), 1870 לערך
הדפס חלבון | אוסף יוסף חכמי - הפניקס הישראלי

Felix Bonfils (French, 1831–1885)
THE GOLDEN GATE (From within the wall), c. 1870
Albumen Print | Joseph Hackmey - Israel Phoenix Collection

ליטוגרפיה מצילום של ארמטה פיארוטי (איטלקי)
שער הזהב, 1853
אוסף עמוס מר-חיים

A lithograph from a photograph by Ermete Pierotti (Italian)
THE GOLDEN GATE, 1853
Amos Mar-Haim Collection

לואי ניקולס פיליפ אוגוסט, הרוזן דה פורבין (צרפתי, 1841-1771)
שער יפו, 1816
ליטוגרפיה | אוסף עמוס מר-חיים

Louis Nicholas Philippe Auguste, Comte de Forbin (French, 1771-1841)
JAFFA GATE, 1816
Lithograph | Amos Mar-Haim Collection

פליקס בונפיס (צרפתי, 1831–1885)
שער יפו, 1870 לערך
הדפס חלבון | אוסף דן כירם

Felix Bonfils (French, 1831–1885)
JAFFA GATE, c. 1870
Albumen Print | Dan Kyram Collection

בית בונפיס (צרפתי)
שער יפו, 1880 לערך
הדפס חלבון | אוסף יוסף חכמי - הפניקס הישראלי

Maison Bonfils (French)
JAFFA GATE, c. 1880
Albumen Print | Joseph Hackmey - Israel Phoenix Collection

אדריאן בונפיס (צרפתי, 1928-1861)
שער יפו, 1890 לערך
הדפס חלבון | אוסף דן כירם

Adrien Bonfils (French, 1861–1928)
JAFFA GATE, c. 1890
Albumen Print | Dan Kyram Collection

בית בונפיס (צרפתי)
שער יפו (מתוך החומות), 1870 לערך
הדפס חלבון | אוסף דן כירם

Maison Bonfils (French)
JAFFA GATE (From within the walls), c. 1870
Albumen Print | Dan Kyram Collection†

האחים זנגקי (יוונים)
שער האריות, 1880 לערך
הדפס חלבון | אוסף דן כירם

Zangaki Brothers (Greek)
PORT DE SAINT ETIENNE (St. Stephens Gate), c. 1880
Albumen Print | Dan Kyram Collection

1039 Rue de la tour de David. — Street of the tower of David.

בית בונפיס (צרפתי)
רחוב מגדל דוד, 1880 לערך
הדפס חלבון | אוסף דן כירם

Maison Bonfils (French)
STREET OF THE TOWER OF DAVID, c. 1880
Albumen Print | Dan Kyram Collection

האחים זנגקי (יוונים)
רחוב שער יפו, 1880 לערך
הדפס חלבון | אוסף דן כירם
(שלט החנות של פ. ניקודם מציין מכירת תמונות של בונפיס)

Zangaki Brothers (Greek)
STREET OF THE JAFFA GATE, c. 1880
Albumen Print | Dan Kyram Collection
(Sign of F. Nicodeme's store advertising photographs by Bonfils)

בית בונפיס (צרפתי)
המצודה, 1870 לערך
הדפס חלבון | אוסף יוסף חכמי - הפניקס הישראלי

Maison Bonfils (French)
THE CITADEL, c. 1870
Albumen Print | Joseph Hackmey - Israel Phoenix Collection

דייוייד רוברטס (בריטי, 1796-1864)
המצודה של ירושלים, 1839
ליטוגרפיה | אוסף עמוס מר-חיים

David Roberts (British, 1796-1864)
CITADEL OF JERUSALEM, 1839
Lithograph | Amos Mar-Haim Collection

דייויד רוברטס (בריטי, 1796-1864)
מגדל דוד, 1839
ליטוגרפיה | אוסף עמוס מר-חיים

David Roberts (British, 1796-1864)
THE TOWER OF DAVID, 1839
Lithograph | Amos Mar-Haim Collection

פרנק מייסון גוד (בריטי)
מגדל היפיקוס (דוד) , שנות ה-60 של המאה ה-19
הדפס חלבון | אוסף עמוס מר-חיים

Frank Mason Good (British)
TOWER OF HIPPICUS (DAVID), 1860's
Albumen Print | Amos Mar-Haim Collection

פליקס בונפיס (צרפתי, 1831–1885)
בריכת חזקיהו, 1875 לערך
הדפס חלבון | אוסף יוסף חכמי - הפניקס הישראלי

Felix Bonfils (French, 1831–1885)
THE POOL OF HEZEKIAH, c. 1875
Albumen Print | Joseph Hackmey - Israel Phoenix Collection

תחריט מצילום של המהנדסים המלכותיים הבריטיים
בריכת חזקיהו, 1865
אוסף עמוס מר-חיים

Engraving from a photograph of THE BRITISH ROYAL ENGINEERS
THE POOL OF HEZEKIAH, 1865
Amos Mar-Haim Collection

ג'יימס רוברטסון ופליס ביאטו
בריכת בית חסדא, 1857
הדפס חלבון | אוסף יוסף חכמי - הפניקס הישראלי

James Robertson and Felice Beato
THE POOL OF BETHESDA, 1857
Albumen Print | Joseph Hackmey - Israel Phoenix Collection

למעלה: לואיג'י מאייר (איטלקי, 1755-1803)

בריכת בית חסדא, 1804

אקווטינט | אוסף עמוס מר-חיים

למטה: דייוויד רוברטס (בריטי, 1796-1864)

בריכת בית חסדא, 1839

ליטוגרפיה | אוסף עמוס מר-חיים

above: Luigi Mayer (Italian, 1755-1803)

POOL OF BETHESDA, 1804

Aquatint | Amos Mar-Haim Collection

below: David Roberts (British, 1796-1864)

THE POOL OF BETHESDA, 1839

Lithograph | Amos Mar-Haim Collection

E. Pierotti, Photo & Delt   E. Walker, Lith.

Day & Son Lith^{rs} to the Queen

ארמטה פיארוטי (איטלקי)
בריכת ממילא, 1850 לערך
ליטוגרפיה | אוסף עמוס מר-חיים

Ermete Pierotti (Italian)
THE POOL OF MAMILA, 1850's
Lithograph | Amos Mar-Haim Collection

197. Jérusalem. Vasques de Mâmillah (Palestine).

בית בונפיס (צרפתי)
בריכת ממילא, 1880 לערך
הדפס חלבון | אוסף דן כירם

Maison Bonfils (French)
THE POOL OF MAMILA, c. 1880
Albumen Print | Dan Kyram Collection

Photographed by Francis Bedford during the Tour in the East on which by Command he accompanied His Royal Highness The Prince of Wales

Plate 16. Jerusalem — The Mosk of the Dome of the Rock from the Governor's House

פרנסיס בדפורד (בריטי, 1816-1894)
מסגד כיפת הסלע מכוון בית המושל, 6 לאפריל 1862
הדפס חלבון | אוסף דן כירם

Francis Bedford (British, 1816-1894)
THE MOSQUE OF THE DOME OF THE ROCK FROM THE GOVERNOR'S HOUSE, April 6, 1862
Albumen Print | Dan Kyram Collection

Engraved from a Photograph by J. Cramb.

MOSQUE OF OMAR.

תחריט מתצלום של ג'ון קראמב (סקוטי)
מסגד עומר, 1860
אוסף עמוס מר-חיים

Engraving from a photograph by John Cramb (Scottish)
MOSQUE OF OMAR, 1860
Amos Mar-Haim Collection

צלם לא ידוע
כיפת הסלע, 1870 לערך
הדפס חלבון | אוסף יוסף חכמי - הפניקס הישראלי

Photographer unknown
THE DOME OF THE ROCK, c. 1870
Albumen Print | Joseph Hackmey - Israel Phoenix Collection

Felix Bonfils (French, 1831-1885)
THE DOME OF THE ROCK, c. 1870
Albumen Print | Joseph Hackmey - Israel Phoenix Collection

פרנסואה אדמונד פאריי (צרפתי, 1806-1893) :ממול

כיפת הסלע - מבט פנים, 1862

ליטוגרפיה | אוסף עמוס מר-חיים

פליקס בונפיס (צרפתי, 1831-1885)

כיפת הסלע - מבט פנים, 1870 לערך

הדפס חלבון | אוסף יוסף חכמי - הפניקס הישראלי

Felix Bonfils (French, 1831–1885)

THE DOME OF THE ROCK – INTERIOR, c. 1870

Albumen Print | Joseph Hackmey - Israel Phoenix Collection

opposite: Francois Edmond Paris (French, 1806–1893)

THE DOME OF THE ROCK – INTERIOR, 1862

Lithograph | Amos Mar-Haim Collection

צלם לא ידוע
כס המשפט של דוד ליד כיפת הסלע, 1880 לערך
הדפס חלבון | אוסף יוסף חכמי - הפניקס הישראלי

Photographer unknown
JUDGEMENT SEAT OF DAVID BY THE DOME OF THE ROCK, c. 1880
Albumen Print | Joseph Hackmey - Israel Phoenix Collection

דייויד רוברטס (בריטי, 1796–1864)
מסגד עומר, 1835
תחריט מרישום של פ. קאתרווד (בריטי, 1799–1855) | אוסף עמוס מר-חיים

David Roberts (British, 1796–1864)
THE MOSQUE OF OMAR, 1835
Engraving from a sketch by F. Catherwood (British, 1799–1855) | Amos Mar-Haim Collection

866. Minaret à Jérusalem

בית בונפיס (צרפתי)
מינרט בירושלים, 1880 לערך
הדפס חלבון | אוסף דן כירם

Maison Bonfils (French)
MINARET IN JERUSALEM, c. 1880
Albumen Print | Dan Kyram Collection

הרי פן (אמריקני, 1838–1911)
הפינה הצפון מערבית של החראם א־שריף
תחריט עץ מתוך ארץ ישראל הציורית, 1882 | אוסף דן כירם

Harry Fenn (American, 1838–1911)
NORTH–WEST CORNER OF THE HARAM ESH SHERIF
Wood engraving from Picturesque Palestine, 1882 | Dan Kyram Collection

ג'ורג' סבונג'י
המינבר של בורהאן אל-דין, 1880 לערך
הדפס חלבון | אוסף דן כירם (בתי הכנסת תפארת ישראל והחורבה ברקע)

Georges Saboungi
MINBAR OF BURHAN AL-DIN, c. 1880
Albumen Print | Dan Kyram Collection (The Tiferet Israel and the Hurva Synagogues in the background)

ליטוגרפיה מצילום של הכומר אלברט אוגוסטוס אייזקס (בריטי)

המנבר והעמודים ברחבת המסגד הגדול (כיפת הסלע), 1856

אוסף עמוס מור-חיים

61

Lithograph from a photograph by The Rev. Albert Augustus Isaacs (British)

THE MARBLE PULPIT AND COLLONADE ON THE PLATFORM OF THE GREAT MOSQUE, 1856

Amos Mar-Haim Collection

ג'יימס רוברטסון ופליס ביאטו
מסגד אל-אקצה והר הזיתים, 1857
הדפס חלבון | אוסף דן כירם

James Robertson and Felice Beato
AL AKSA MOSQUE AND THE MOUNT OF OLIVES, 1857
Albumen Print | Dan Kyram Collection

פטר ברגהיים (ירושלמי)

מסגד אל-אקצה, שנות ה־60 של המאה ה־19

הדפס חלבון | אוסף יוסף חכמי - הפניקס הישראלי

Peter Bergheim (Jerusalem)

AL AKSA MOSQUE, 1860's

Albumen Print | Joseph Hackmey - Israel Phoenix Collection

האחים זנגקי (יוונים)

מסגד אל-אקצה - מבט פנים, 1880 לערך

הדפס חלבון | אוסף דן כירם

Zangaki Brothers (Greek)

AL AKSA MOSQUE - INTERIOR, c. 1880

Albumen Print | Dan Kyram Collection

ממול: פרנסואה אדמונד פאריי (צרפתי, 1806-1893)

מסגד אל-אקצה - מבט פנים, 1862

ליטוגרפיה | אוסף עמוס מר-חיים

opposite: Francois Edmond Paris (French, 1806-1893)

AL AKSA MOSQUE - INTERIOR, 1862

Lithograph | Amos Mar-Haim Collection

ליטוגרפיה מתצלום של הכומר אלברט אוגוסטוס אייזקס (בריטי)

המסגד הגדול של הסאקקארה וכס המשפט של דוד, 1856

אוסף עמוס מר-חיים

Lithograph from a photograph by The Rev. Albert Augustus Isaacs (British)

THE GREAT MOSQUE OF THE SAKARA AND THE JUDGEMENT SEAT OF DAVID, 1856

Amos Mar-Haim Collection

865 Souterrains dits Écuries de Salomon à Jérusalem

Bonfils

בית בונפיס (צרפתי)
אורוות שלמה, 1880 לערך
הדפס חלבון | אוסף דן כירם

Maison Bonfils (French)
SOLOMON'S STABLES, c. 1880
Albumen Print | Dan Kyram Collection

454. Jérusalem. Mur où les Juifs vont pleurer (Palestine

פליקס בונפיס (צרפתי, 1831–1885)
הכותל המערבי, 1870 לערך
הדפס חלבון | אוסף דן כירם

Felix Bonfils (French, 1831–1885)
THE WESTERN WALL, c. 1870
Albumen Print | Dan Kyram Collection

האחים זנגקי (יוונים)
הכותל המערבי, 1880 לערך
הדפס חלבון | אוסף יוסף חכמי - הפניקס הישראלי

Zangaki Brothers (Greek)
THE WESTERN WALL, c. 1880
Albumen Print | Joseph Hackmey - Israel Phoenix Collection

פליקס בונפיס (צרפתי, 1831-1885)
הכותל המערבי, 1880 לערך
הדפס חלבון | אוסף יוסף חכמי - הפניקס הישראלי

Felix Bonfils (French, 1831–1885)
THE WESTERN WALL, c. 1880
Albumen Print | Joseph Hackmey - Israel Phoenix Collection

אלכסנדר בידא (צרפתי, 1813-1895)
יהודים לפני הכותל המערבי, 1855
ליטוגרפיה | אוסף עמוס מר-חיים

Alexandre Bida (French, 1813–1895)
JEWS IN FRONT OF SOLOMON'S WALL, 1855
Lithograph | Amos Mar-Haim Collection

בית בונפיס (צרפתי)
כנסיית הקבר, 1870 לערך
הדפס חלבון | אוסף יוסף חכמי - הפניקס הישראלי

Maison Bonfils (French)
THE CHURCH OF THE HOLY SEPULCHRE, c. 1870
Albumen Print | Joseph Hackmey - Israel Phoenix Collection

ליאון עמנואל דה לאבורד (צרפתי, 1807-1869)
מראה של כנסיית הקבר מכוון הרובע התורכי, 1830 לערך
ליטוגרפיה | אוסף עמוס מר-חיים

Léon Emanuel de Laborde (French, 1807–1869)
VIEW OF THE CHURCH OF THE HOLY SEPULCHRE TAKEN FROM THE TURKISH QUARTER, c. 1830
Lithograph | Amos Mar-Haim Collection

ג״יימס רוברטסון ופליס ביאטו
כנסיית הקבר, 1857
הדפס חלבון | אוסף דן כירם

James Robertson and Felice Beato
THE CHURCH OF THE HOLY SEPULCHRE, 1857
Albumen Print | Dan Kyram Collection

מרגרטה א. בור
כנסיית הקבר
ליטוגרפיה | אוסף עמוס מר-חיים

Margaretta A. Burr
THE CHURCH OF THE HOLY SEPULCHRE
Lithograph | Amos Mar-Haim Collection

בית בונפיס (צרפתי)

הקבר הקדוש, 1880 לערך

הדפס חלבון | אוסף יוסף חכמי - הפניקס הישראלי

ממול: פרנסואה אדמונד פאריי (צרפתי, 1806-1893)

כנסיית הקבר - מבט פנים, 1862

ליטוגרפיה | אוסף עמוס מר-חיים

Maison Bonfils (French)

THE HOLY SEPULCHRE, c. 1880

Albumen Print | Joseph Hackmey - Israel Phoenix Collection

opposite: François Edmond Paris (French, 1806-1893)

CHURCH OF THE HOLY SEPULCHRE - INTERIOR, 1862

Lithograph | Amos Mar-Haim Collection

Paris del.

H.Clerget lith. Fig.par Ceildran

263 IV Station, et maison du mauvais riche. — IV Station, House of the wicked rich man.

בית בונפיס (צרפתי)

התחנה הרביעית של הצלב בדרך הייסורים, 1880 לערך

הדפס חלבון | אוסף יוסף חכמי - הפניקס הישראלי

ממול: האחים זנגקי (יוונים)

התחנה החמישית והשישית של הצלב בדרך הייסורים, 1880 לערך

הדפס חלבון | אוסף דן כירם

Maison Bonfils (French)
THE FOURTH STATION OF THE CROSS, c. 1880
Albumen Print | Joseph Hackmey - Israel Phoenix Collection

opposite: Zangaki Brothers (Greek)
THE FIFTH AND SIXTH STATIONS OF THE CROSS, c. 1880
Albumen Print | Dan Kyram Collection

פליקס בונפיס (צרפתי, 1831–1885)
התחנה השביעית של הצלב בדרך הייסורים, 1870 לערך
הדפס חלבון | אוסף דן כירם

Felix Bonfils (French, 1831–1885)
THE SEVENTH STATION OF THE CROSS, c. 1870
Albumen Print | Dan Kyram Collection

קבר שמואל, 1870 לערך

הדפס חלבון | אוסף יוסף חכמי - הפניקס הישראלי

Maison Bonfils (French)

THE TOMB OF SAMUEL, c. 1870

Albumen Print | Joseph Hackmey - Israel Phoenix Collection

בית בונפיס (צרפתי)

קברי אבשלום, זכריה וסט. ג׳יימס בעמק קידרון, 1880 לערך

הדפס חלבון | אוסף יוסף חכמי - הפניקס הישראלי

Maison Bonfils (French)

THE TOMBS OF ABSALOM, ZECHARIAH AND ST. JAMES IN THE VALLEY OF KIDRON, c. 1880

Albumen Print | Joseph Hackmey - Israel Phoenix Collection

BRIDGE OVER THE BROOK KEDRON   PONT SUR LE TORRENT DE CEDRON

L. Mayer del.   Published by R. Bowyer, Historic Gallery, Pall Mall 1803.

לואיג'י מאייר (איטלקי, 1755–1803)

גשר מעל נחל קידרון, 1804

אקווטינט | אוסף עמוס מר-חיים

Luigi Mayer (Italian, 1755–1803)

BRIDGE OVER THE BROOK KIDRON, 1804

Aquatint | Amos Mar-Haim Collection

פרנק מייסון גוד (בריטי)
קברי המלכים, 1865 לערך
הדפס חלבון | אוסף דן כרים

Frank Mason Good (British)
THE TOMBS OF THE KINGS, c. 1865
Albumen Print | Dan Kyram Collection

Entrée du Sépulcre des Rois à Jérusalem.

לואי ניקולס פיליפ אוגוסט, הרוזן דה פורבין (צרפתי, 1771-1841)
הכניסה לקברי המלכים, 1816
ליטוגרפיה | אוסף עמוס מר-חיים

Louis Nicholas Philippe Auguste, Comte de Forbin (French, 1771-1841)
ENTRANCE TO THE TOMBS OF THE KINGS, 1816
Lithograph | Amos Mar-Haim Collection

פרנק מייסון גוד (בריטי)
קברי הסנהדרין, 1865 לערך
הדפס חלבון | אוסף דן כירם

Frank Mason Good (British)
THE TOMBS OF THE JUDGES, c. 1865
Albumen Print | Dan Kyram Collection

לואי פרנסואה קאסאס (צרפתי, 1827-1756)

קבר מונומנטלי הידוע כקבר יהושפט, 1790 לערך (קברי הסנהדרין)

תחריט | אוסף עמוס מר-חיים

Louis François Cassas (French, 1756-1827)
SEPULCHRAL MONUMENT COMMONLY CALLED JOSAPHAT'S TOMB, 1790's
Engraving | Amos Mar-Haim Collection

פליקס בונפיס (צרפתי, 1831–1885)
קבר המלך דוד על הר ציון, 1870 לערך
הדפס חלבון | אוסף דן כירם

Felix Bonfils (French, 1831–1885)
KING DAVID'S TOMB ON MOUNT ZION, c. 1870
Albumen Print | Dan Kyram Collection

Drawn by G. Balmar, from a sketch on the spot by F. Catherwood, Esq.ʳ   Engraved by W. Finden

MOUNT ZION, JERUSALEM.
(The Mosque of David.)

750

ג'ורג' באלמאר (בריטי, 1846-1806)

הר-ציון, 1835

תחריט לפי רישום של פרידריך קאתרווד (בריטי, 1855-1799) | אוסף עמוס מר-חיים

George Balmar (British, 1806-1846)

MOUNT ZION, 1835

Engraving from a sketch by Friedrich Catherwood (British, 1799-1855) | Amos Mar-Haim Collection

ממול למעלה: לואיג׳י מאייר (איטלקי, 1755-1803)
קבר רחל, 1830
ליטוגרפיה | אוסף עמוס מר-חיים

opposite above: Luigi Mayer (Italian, 1755-1803)
SEPULCHRE OF RACHEL, 1830
Lithograph | Amos Mar-Haim Collection

בית בונפיס (צרפתי)
קבר רחל, 1870 לערך
הדפס חלבון | אוסף יוסף חכמי - הפניקס הישראלי

ממול למטה: ויליאם הנרי בארטלט (בריטי, 1809-1854)
קבר רחל ליד בית לחם, 1835
תחריט | אוסף עמוס מר-חיים

Maison Bonfils (French)
RACHEL'S TOMB, c. 1870
Albumen Print | Joseph Hackmey - Israel Phoenix Collection

opposite below: William Henry Bartlett (British, 1809-1854)
RACHEL'S TOMB NEAR BETHLEHEM, 1835
Engraving | Amos Mar-Haim Collection

London Pub.^d by R.BOWYER & M.PARKES, 46 Pall Mall. 1836.

SEPULCHRE of RACHEL . Gen. 35. 20.

לואי ניקולס פיליפ אוגוסט, הרוזן דה פורבין (צרפתי, 1841-1771)
שער סיתי מרים ובית קברות מוסלמי, 1816
ליטוגרפיה | אוסף עמוס מר-חיים

Louis Nicholas Philippe Auguste, Comte de Forbin (French, 1771-1841)
SITTI MARIAM GATE AND MOSLEM CEMETERY, 1816
Lithograph | Amos Mar-Haim Collection

צלם לא ידוע
בית קברות מוסלמי ליד החומה המזרחית, 1870 לערך
הדפס חלבון | אוסף יוסף חכמי - הפניקס הישראלי

Photographer unknown
A MOSLEM CEMETERY BY THE WALL, c. 1870
Albumen Print | Joseph Hackmey - Israel Phoenix Collection

האחים זנגקי (יוונים)
קבר הבתולה, 1880 לערך
הדפס חלבון | אוסף דן כירם

Zangaki Brothers (Greek)
TOMB OF THE VIRGIN, c. 1880
Albumen Print | Dan Kyram Collection

ג'ורג' סאבונג'י
כנסיית סנטה אנה, 1880 לערך
הדפס חלבון | אוסף דן כירם

Georges Saboungi
ST. ANNE'S CHURCH, c. 1880
Albumen Print | Dan Kyram Collection

פליקס בונפיס (צרפתי, 1831-1885)
עמק יהושפט, 1870 לערך
הדפס חלבון | אוסף דן כירם

Felix Bonfils (French, 1831-1885)
VALLEY OF JOSAPHAT, c. 1870
Albumen Print | Dan Kyram Collection

בית בונפיס (צרפתי)
גשר מעל קידרון, 1880 לערך
הדפס חלבון | אוסף דן כירם

Maison Bonfils (French)
BRIDGE OVER KIDRON, c. 1880
Albumen Print | Dan Kyram Collection

פרנסיס פרית (בריטי, 1898-1822)
ירושלים מכוון עין רוגל, 1857
הדפס חלבון | אוסף עמוס מר-חיים

Francis Frith (British, 1822-1898)
JERUSALEM FROM THE WELL OF EN-ROGEL, 1857
Albumen Print | Amos Mar-Haim Collection

ג'וזף מאלורד וויליאם טרנר (בריטי, 1851-1775)

הר מוריה, 1835

תחריט לפי רישום של צ'ארלס ברי (בריטי, 1860-1795) | אוסף עמוס מר-חיים

Joseph Mallord William Turner (British, 1775-1851)

MOUNT MORIAH, 1835

Engraving from a sketch by Charles Barry (British, 1795-1860) | Amos Mar-Haim Collection

תחריט מתצלום של ג'יון קראמב (סקוטי)
עמק גיחון, 1860
אוסף עמוס מר-חיים

Engraving from a photograph by John Cramb (Scottish)
VALLEY OF GIHON, 1860
Amos Mar-Haim Collection

פליקס בונפיס (צרפתי, 1831–1885)
עמק גיחון, 1870 לערך
הדפס חלבון | אוסף דן כירם

Felix Bonfils (French, 1831–1885)
VALLEY OF GIHON, c. 1870
Albumen Print | Dan Kyram Collection

ג׳יימס רוברטסון ופליס ביאטו
קשת אקה הומו, 1857
הדפס חלבון | אוסף דן כירם

James Robertson and Felice Beato
ARCH OF ECCE HOMO, 1857
Albumen Print | Dan Kyram Collection

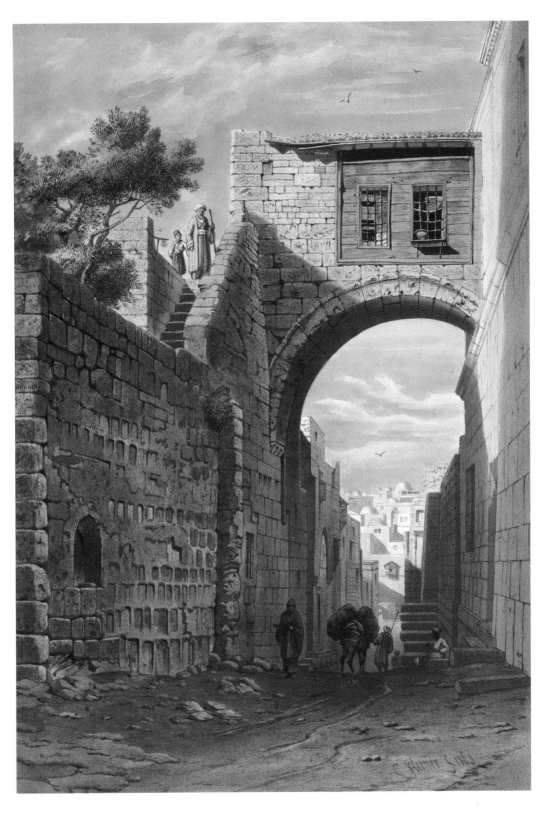

קארל פרידריך היינריך וורנר (גרמני, 1808-1894)
קשת אקה הומו, 1863
ליטוגרפיה | אוסף עמוס מר-חיים

Carl Friedrich Heinrich Werner (German, 1808-1894)
ARCH OF ECCE HOMO, 1863
Lithograph | Amos Mar-Haim Collection

פליקס בונפיס (צרפתי, 1885–1831)
כיפת כנסיית העליה בהר הזיתים, 1870 לערך
הדפס חלבון | אוסף דן כירם

Felix Bonfils (French, 1831–1885)
THE DOME OF THE CHURCH OF ASCENSION ON MOUNT OF OLIVES, c. 1870
Albumen Print | Dan Kyram Collection

ג'יימס רוברטסון ופליס ביאטו
גן גת שמנים, 1857
הדפס חלבון | אוסף דן כירם

James Robertson and Felice Beato
THE GARDEN OF GETHSEMANE, 1857
Albumen Print | Dan Kyram Collection

צלם לא ידוע
מסגד אל אקצה והר הזיתים, 1880 לערך
הדפס חלבון | אוסף יוסף חכמי - הפניקס הישראלי

Photographer Unknown
AL AKSA MOSQUE AND THE MOUNT OF OLIVES, C. 1880
Albumen Print | Joseph Hackmey - Israel Phoenix Collection

לואי ניקולס פיליפ אוגוסט, הרוזן דה פורבין (צרפתי, 1771-1841)
מראה של מסגד אל אקצה מחומת ירושלים, 1819
ליטוגרפיה | אוסף עמוס מר-חיים

Louis Nicholas Philippe Auguste, Comte de Forbin (French, 1771-1841)
VIEW OF THE HARAM MOSQUE FROM THE WALL OF JERUSALEM, 1819
Lithograph | Amos Mar-Haim Collection

בית בונפיס (צרפתי)
רחוב ליד ארמון הורדוס, 1870 לערך
הדפס חלבון | אוסף דן כירם

Maison Bonfils (French)
A STREET BY HEROD'S PALACE, c. 1870
Albumen Print | Dan Kyram Collection

הרי פן (אמריקני, 1839-1911)

ביתה של ורוניקה הקדושה בדרך הייסורים

תחריט עץ מתוך ארץ ישראל הציורית, 1882 | אוסף דן כירם

Harry Fenn (American, 1838-1911)
HOUSE OF ST. VERONICA, VIA DOLOROSA
Wood engraving from Picturesque Palestine, 1882 | Dan Kyram Collection

ליידי לואיזה טניסון (בריטית, 1819-1882)

רחוב בירושלים, 1846

ליטוגרפיה | אוסף עמוס מר-חיים

Lady Louisa Tenison (British, 1819-1882)
STREET IN JERUSALEM, 1846
Lithograph | Amos Mar-Haim Collection

29. Jérusalem : Emplacement du Palais d'Hérode. F. Quarelli Pho.

פ. קוארלי (איטלקי)
ארמון הורדוס (ומגדל אנטוניה), 1880 לערך
הדפס חלבון | אוסף דן כירם

F. Quarelli (Italian)
HEROD'S PALACE (and the tower of Antonia), c. 1880
Albumen Print | Dan Kyram Collection

ג'ון דוגלאס וודוורד (אמריקני, 1848–1910)

מסגד אל-מאג'אהידין - מסגד אבירי הסהר (הידוע בשם מגדל אנטוניה)

תחריט עץ מתוך ארץ ישראל הציורית 1882 | אוסף דן כירם

John Douglas Woodward (American, 1848–1910)
**MOSQUE EL MAJAHIDIN – MOSQUE OF THE KNIGHTS OF THE CRESCENT
(COMMONLY CALLED THE TOWER OF ANTONIA)**

Wood engraving from Picturesque Palestine, 1882 | Dan Kyram Collection

22 JERUSALEM – JEWISH QUARTER.

ממול: לואי ניקולס פיליפ אוגוסט, הרוזן דה פורבין (צרפתי, 1771-1841)

הרובע היהודי בירושלים, 1819

ליטוגרפיה | אוסף עמוס מר-חיים

אדוארד ל. וילסון (אמריקני, 1838-1903)

הרובע היהודי, 1880

סטריאוגרף, הדפס חלבון | אוסף דן כירם

opposite: Louis Nicholas Philippe Auguste, Comte de Forbin
(French, 1771-1841)
THE JEWISH QUARTER IN JERUSALEM, 1819
Lithograph | Amos Mar-Haim Collection

Edward L. Wilson (American, 1838-1903)
THE JEWISH QUARTER, 1880
Stereograph, Albumen Print | Dan Kyram Collection

Photographed by Francis Bedford during the Tour in the East on which by Command he accompanied His Royal Highness The Prince of Wales.

Plate 15. Jerusalem: Mount Zion from the Governor's House, shewing the West side of the Enclosure.

I

פרנסיס בדפורד (בריטי, 1816-1894)

פרנסיס בדפורד (בריטי, 1816-1894)
הר ציון (הרובע היהודי) מכוון בית המושל, 1862
הדפס חלבון | אוסף דן כירם

114

Francis Bedford (British, 1816–1894)
MOUNT ZION (AND THE JEWISH QUARTER)
FROM THE GOVERNOR'S HOUSE, 1862
Albumen Print | Dan Kyram Collection

לואיג'י מאייר (איטלקי, 1755–1803)
מקדש שלמה, 1810
אקווטינט | אוסף עמוס מר-חיים

Luigi Mayer (Italian, 1755-1803)
TEMPLE OF SOLOMON, 1810
Aquatint | Amos Mar-Haim Collection

633 – Rabbin Juif à Jérusalem

בית בונפיס (צרפתי)
רב יהודי בירושלים, 1875 לערך
הדפס חלבון | אוסף דן כירם

Maison Bonfils (French)
A JEWISH RABBI IN JERUSALEM, c. 1875
Albumen Print | Dan Kyram Collection

פ. גרהרד
יהודי ירושלמי
תחריט עץ | אוסף עמוס מר-חיים

F. Gerheard
A JERUSALEM JEW
Wood engraving | Amos Mar-Haim Collection

Jew of Jerusalem ◁365▷ Juif de Jérusalem.

צלמי המושבה האמריקנית (ירושלים)
יהודי ירושלמי, 1898 לערך
הדפס חלבון | אוסף יוסף חכמי - הפניקס הישראלי

The American Colony Photographers (Jerusalem)
JEW OF JERUSALEM, c. 1898
Albumen Print | Joseph Hackmey - Israel Phoenix Collection

בית בונפיס (צרפתי)
יהודים ירושלמיים, 1870 לערך
הדפס חלבון | אוסף יוסף חכמי - הפניקס הישראלי

Maison Bonfils (French)
JEWS OF JERUSALEM, c. 1870
Albumen Print | Joseph Hackmey - Israel Phoenix Collection

Patriarche Arménien de Jérusalem

The Greek Patriarch of Jerusalem
"Gerassimos"

ממול: בית בונפיס (צרפתי)
הפטריארך הארמני בירושלים, 1880 לערך
הדפס חלבון | אוסף דן כירם

גראבד קריקוריאן (ארמני, 1847–1920)
הפטריארך היווני בירושלים, 1880 לערך
תמונת קבינט, הדפס חלבון | אוסף דן כירם

opposite: Maison Bonfils (French)
THE ARMENIAN PATRIARCH OF JERUSALEM, c. 1880
Albumen Print | Dan Kyram Collection

Grabed Krikorian (Armenian, 1847–1920)
THE GREEK PATRIARCH OF JERUSALEM, c. 1880
Cabinet Card, Albumen Print | Dan Kyram Collection

Jerusalem - Bazaar of the Goldsmiths

רודולף לנהרט וארנסט לנדרוק
שוק הצורפים, 1904
הדפס כסף | אוסף יוסף חכמי - הפניקס הישראלי

Rudolph Lenhert and Ernst Landrock
THE JEWELLERS' MARKET, 1904
Silver Print | Joseph Hackmey - Israel Phoenix Collection

Jerusalem - Gate of Herod

רודולף לנהרט וארנסט לנדרוק
שוק הבהמות, 1904
הדפס כסף | אוסף יוסף חכמי - הפניקס הישראלי

Rudolph Lenhert and Ernst Landrock
CATTLE MARKET, 1904
Silver Print | Joseph Hackmey - Israel Phoenix Collection

טנקרד דיומא (צרפתי)
חנות בירושלים, 1889
הדפס חלבון (מננטיב שנעשה ע״י פטר ברנהיים ב־1872 לערך) | אוסף דן כירם

Tancrède R. Dumas (French)
A SHOP IN JERUSALEM, 1889
Albumen Print (From a negative made by Peter Bergheim, c. 1872) | Dan Kyram Collection

הארלי

עולי רגל יוונים רוכשים נרות

תחריט עץ מתוך ארץ ישראל הציורית, 1882 | אוסף דן כירם

Harley

PILGRIMS OF THE GREEK CHURCH BUYING CANDLES

Wood engraving from Picturesque Palestine, 1882 | Dan Kyram Collection

אדריאן בונפיס (צרפתי, 1861-1928)
מוכר קפה ברחובות ירושלים, 1880 לערך
הדפס חלבון | אוסף יוסף חכמי - הפניקס הישראלי

Adrien Bonfils (French, 1861-1928)
COFFEE SELLER ON THE STREETS OF JERUSALEM, c. 1880
Albumen Print | Joseph Hackmey - Israel Phoenix Collection

בית בונפיס (צרפתי)
הכניסה לירושלים דרך שער יפו (רחוב יפו), 1885 לערך
הדפס חלבון | אוסף דן כירם

Maison Bonfils (French)
**ENTRANCE TO JERUSALEM THROUGH
THE JAFFA GATE (Jaffa Road), c. 1885**
Albumen Print | Dan Kyram Collection

10. Route de Bethléem, vue de la Porte de Jaffa à Jérusalem   A. Bonfils, Beyrouth

אדריאן בונפיס (צרפתי, 1861-1928)
הדרך לבית לחם מכוון שער יפו, 1890 לערך
הדפס חלבון | אוסף דן כירם

Adrien Bonfils (French, 1861–1928)
THE ROAD TO BETHLEHEM SEEN FROM JAFFA GATE, c. 1890
Albumen Print | Dan Kyram Collection

אדריאן בונפיס (צרפתי, 1861–1928)
תחנת הרכבת בירושלים, 1890 לערך
הדפס חלבון | אוסף דן כירם

Adrien Bonfils (French, 1861–1928)
THE JERUSALEM RAILWAY STATION, c. 1890
Albumen Print | Dan Kyram Collection

בית בונפיס (צרפתי)
מגרש הרוסים, 1880 לערך
הדפס חלבון | אוסף יוסף חכמי - הפניקס הישראלי

Maison Bonfils (French)
THE RUSSIAN COMPOUND, c. 1880
Albumen Print | Joseph Hackmey - Israel Phoenix Collection

ג'ון פ. סול (אמריקני)
תצלום ציורו המונומנטלי האבוד של הנרי קורטניי סלוס, שהוצג לראשונה ב־1860
"ירושלים בתפארתה, שנת 33", 1872
הדפס חלבון | אוסף דן כירם

John P. Soule (American)
A photograph of Henry Courtney Selous' (Slous) lost monumental painting, first exhibited in 1860,
"JERUSALEM IN HER GRANDEUR, A.D. 33", 1872
Albumen Print | Dan Kyram Collection

צלם לא ידוע

תצלום מבט ציפור של ירושלים (עפ״י מפת א.ג. וורטנסלבן מ־1870), 1870 לערך

הדפס חלבון | אוסף דן כירם

Photographer unknown

A PHOTOGRAPH OF A BIRDS EYE VIEW OF JERUSALEM

(Made after A. G. Wartensleben's 1870 map), c. 1870

Albumen Print | Dan Kyram Collection

ויליאם הנרי בארטלט (בריטי, 1809-1854)
ירושלים המודרנית, 1845
תחריט | אוסף דן כירם

William Henry Bartlett (British, 1809-1854)
MODERN JERUSALEM, 1845
Engraving | Dan Kyram Collection

אקווטינט

הדפס מלוח נחושת החרוט באמצעות חומצה וצבוע.

דאגרוטייפ

תהליך צילום שהומצא על ידי לואי דאגר ופורסם ב־1839. התמונה הבודדת
מודפסת על לוח נחושת מוכסף.

הדפס חלבון

צילום המודפס על נייר דק המצופה באלבומין (חלבון ביצה), שמצופה
במלחי כסף. היה בשימוש בין השנים 1890-1850.

ליטוגרפיה

הדפס מלוח אבן גיר רטוב, שעליו מצויר הציור בצבע שמן. על הציור הזה
נמרח דיו על בסיס שמן, שנדבק רק לקטעים המצויירים.

סטיריאוגרף

תמונה תלת־ממדית הנוצרת משני צילומים של אותו אובייקט. הם מצולמים
משתי נקודות מבט שהמרחק המפריד ביניהן הוא 65 מ"מ (כמרחק המפריד
בין העיניים). מביטים בתמונה באמצעות סטריאוסקופ, המאפשר לכל עין
לראות צילום אחד בלבד.

תחריט

הדפס מלוח חרוט מעץ ("תחריט עץ"), מנחושת ("תחריט נחושת") או
מפלדה ("תחריט פלדה").

חלק נכבד מתיאורי ירושלים נעשה על־ידי היסטוריונים וארכיאולוגים, ביניהם בולט ארמטה פיארוטי, מהנדס צבאי איטלקי, אשר הגיע לירושלים בשנת 1854 ומונה על ידי מושלה התורכי של העיר למהנדס מחוז ירושלים. פיארוטי היה גם צלם מעולה, והליטוגרפיות שפרסם בשנת 1864 היו מבוססות על צילומיו ותיעדו בדקדקנות את האתרים החשובים בעיר.

צלם חשוב נוסף היה הכומר אלברט אוגוסטוס אייזקס, אשר ביקר בירושלים בשנת 1857. גם הוא יצר מצילומיו ליטוגרפיות השובבות את הלב, במיוחד אלה המתארות את הר הבית. במחצית השנייה של המאה ה־19 החלו לצאת לאור, בצד אלבומי הדפסים מונומטליים בכמות מוגבלת, גם ספרים עשירים בעבודות אמנות. הרשימה ארוכה ומרשימה, אולם הספר הבולט ביותר היה ״ארץ ישראל הציורית״, שיצא לאור בשנת 1880 בעריכתו של הקולונל צ׳רלס וילסון, מראשי הקרן לחקירת ארץ ישראל. נוסף על המידע המדעי, המחקרי והתיעודי, יש בספר מאות ציורים מדהימים ביופיים, רובם תחריטי עץ ומיעוטם תחריטי נחושת. רבים מהאיורים מבוססים על צילומי ירושלים שנעשו באותה עת, והתחריטים הם בעיקר מעשה ידיהם של האמן הרי פן (1838-1911) ושל האמן ג׳ון וודוורד (1848-1924).

המעבר לספר המאויר, הפופולרי, נעשה בד בבד עם התפתחות הצילום. צילומי ירושלים הלכו והתרבו, אולם בעוד שאמני המכחול, ברצותם להפיץ את פרי אמנותם, השתמשו בטכניקות ההדפס השונות — החל מתחריט הנחושת וחיתוך העץ וכלה בליטוגרפיה — לא ניתן היה לפני 1880 להדפיס את הצילום במישרין והיה צורך להפכו לתחריט. כך אנחנו מוצאים צלמים מובהקים, כמו ג׳ון קראמב, שצילומיהם הפכו לתחריטים, ומי שחפץ בצילום ממש — היה צריך לחפש אחר הצילום המקורי.

הצילומים המקוריים שנעשו בירושלים במאה ה־19 יפים להפליא, ומהווים לא רק מקור לתיעוד פרטני של האתרים והאנשים, אלא גם עבודות אמנות מרתקות. עם זאת, באותה עת עדיין בולט ייחודו של ההדפס האמנותי, שכן ניתן היה להפיקו במידות גדולות הרבה יותר. הצבע שנוסף לו הפך אותו ליצירת אמנות של ממש, ומעבר לכול — הוא שיקף לא רק מציאות אובייקטיבית, אלא גם הלך־רוח ומשאת־נפש, כמידת כשרונו של האמן. ואכן, אין מקום מתאים מירושלים לבטא זאת, העיר שהמציאות והחזון, האבן והרוח, הזיכרון והנצח — משולבים בה עד תום.

באלבום שהוציא בשנת 1819 — "מסע בלבנט" — כלולים תיאורים מרשימים ביותר של אתרי ירושלים.

כמוהו גם המרכיז ליאון עמנואל סימון ג'וזף דה לאבורד (1807-1869), שהיה מנהל הלובר, ותיאר את ירושלים במלוא יופיה בשורת ליטוגרפיות שיצאו לאור בין השנים 1830-1833. צייר צרפתי נוסף היה אלכסנדר בידא (1813-1895), מתלמידיו של דלקרואה, אשר ביקר בירושלים בשנת 1855; הציור שלו את הכותל המערבי הוא מרהיב עין ונחשב לציור המרשים ביותר של אתר קדוש זה.

בין האמנים הבריטים שתיארו את ירושלים בולט ג'.מ.וו.טרנר (1775-1851). טרנר, אמן בריטי נחשב, לא ביקר בירושלים, אלא הסתמך בציוריו על סקיצות של אמנים אחרים, ביניהם סר צ'רלס בארי (1795-1860), שהיה ארכיטקט ידוע ורשם מעולה. תחריטיו של טרנר התפרסמו בשנים 1835-1837, ולמרות מידותיהם הקטנות זכו להערכה רבה בזכות איכות סגנונו של יוצרם.

האמן הבריטי הידוע ביותר שתיאר את ירושלים באותה עת, דייויד רוברטס (1796-1864), ביקר בירושלים בשנת 1839. הליטוגרפיות שיצאו לאור החל משנת 1842, בעקבות ביקורו, זכו להערכה רבה. הוא תיאר בכישרון רב את האתרים החשובים והוסיף להם הוד והדר. פורבין ולאבורד תיארו את "ירושלים של מטה". רוברטס הוסיף משהו מ"ירושלים של מעלה", כשאווירה של פיוט רומנטי עוטפת את החורבות, כמיטב מסורת האמנות הוויקטוריאנית.

אמן בריטי אחר היה ויליאם הנרי ברטלט (1809-1854), ארכיטקט במקצועו, אשר החל לבקר בירושלים בשנת 1834. הוא פרסם במשך כעשרים שנה כמה וכמה ספרים על ירושלים ותחריטיו היפים זכו למהדורות רבות.

כאמור, בקרב ציירי ירושלים במאה ה־19 היו נציגים למרבית אומות העולם המערבי. ראוי לציין גם את קארל פרידריך היינריך ורנר הגרמני (1808-1894), אשר פרסם בשנת 1866 כרומו־ליטוגרפיות מרהיבות־עין ביופיין, שהצטיינו בתשומת לב רבה לפרטים בארכיטקטורה ובנוף.

יחד עם האמנים המפורסמים, שאמנותם מקצועם, באו לירושלים גם ציירים חובבים, אשר ביקרו בעיר כתיירים וכעולי רגל. אחת מהם הייתה הליידי לואיזה טניסון, אשר פרסמה בשנת 1846 סדרת ליטוגרפיות יפה, פרי מכחולה.

צייר חובב אחר היה פרנסואה אדמונד פאריי (1806-1893), אשר שירת כתת־אדמירל בצי הצרפתי. הוא ביקר בירושלים בשנת 1861 ותיאר, בסדרה של ליטוגרפיות צבעוניות מרהיבות, אתרים בירושלים, ובמיוחד אתרי־פנים, אשר מפאת החשכה קשה היה לצלמם.

לצייר את ירושלים

עמוס מר-חיים

ירושלים, העיר הקדושה, הייתה מאז ומתמיד נושא לציור ולאיור. אולם חרף היותה מוקד למשאת-נפש, לתפילה ולערגה — מעטים מאלה שציירוה אכן ביקרו בה. יוצא דופן היה קורניליוס דה-ברוין, אשר צייר אותה בשנת 1681 ממראה עיניים ממש. אולם עשרות שנים אחריו עדיין תיארו הכרטוגרפים והציירים את ירושלים כיד הדמיון הטובה עליהם — כטירה ביזנטינית או כמצודה אירופית.

בראשית המאה ה-19 החלה ירושלים לעורר עניין רב. ההכרה כי השלטון העות'מאני הולך ומתפורר משכה את המעצמות הגדולות אל ירושלים, הן בגלל חשיבותה כמרכז דתי, הן בגלל מרכזיותה כצומת גיאופוליטי והן כאתר ארכיאולוגי והיסטורי מרתק. אולם מכיוון שרוב המעצמות היו בנות-ברית של הסולטן התורכי, הן מצאו אליה נתיבים שאינם מעוררי מחלוקת: נפתחו קונסוליות שהעניקו חסות לנתינים זרים, נשלחו משלחות ארכיאולוגיות, שהחלו למדוד, לחקור ולחפור, הוקמו אכסניות לאומיות לעולי הרגל, נוסדו שירותי-דואר של מדינות זרות והוקמו מוסדות דתיים רבים. כל אלה משכו לירושלים דיפלומטים וכמרים, ארכיאולוגים ומהנדסים, אנשי אצולה ותיירים כותבי יומנים, וגם — אמנים, ציירים וצלמים.

ציירי ירושלים במאה ה-19 באו ממדינות רבות ומתרבויות שונות. היו אמנים שנשלחו על ידי דיפלומטים — לואי פרנסואה קאסאס (1756-1827) בא לירושלים בשליחות השגריר הצרפתי בקושטא, והפיק בשנת 1799 תחריטים מרשימים ומשופעים בפרטים בסגנון קלאסי. לואיג'י מאייר (1755-1803) ביקר בירושלים באותה עת בשליחות סר רוברט איינסלי, השגריר הבריטי בקושטא, תיאר את ירושלים בסדרת אקוואטינטות צבעוניות שיש בהן יופי נאיבי ושובה לב, אשר יצאו לאור החל משנת 1803.

אנשי אצולה, בעלי מעמד בזכות עצמם, באו מצרפתה. הרוזן לואי ניקולס פיליפ אוגוסט, הרוזן דה פורבין (1771-1841) היה צייר ואיש אמנות, אשר ניהל את המוזיאונים הלאומיים בצרפת והרחיב את הלובר. פורבין היה מהראשונים להשתמש בטכניקת הדפס האבן.

מוצגות בתערוכה: הכומר א.א.אייזקס (1856), ג. וו.ברידג'ס (1841), ג'ון קראמב (1860), ג"יימס רוברטסון ופליס ביאטו (1857), פרנסיס פרית (1858), פרנק מייסון גוד (שנות השישים), פרנסיס בדפורד (שליווה את הנסיך מוויילס במצוות המלכה ויקטוריה ב-1862), ג"יימס מקדונלד (1864,1868) ואחרים.

הצלמים המסחריים, שהקימו סטודיו בביירות והיו פוריים מאוד, היו משפחת בונפיס (האב פליקס, האם לידיה והבן אדריאן), טנקרד דיומא בביירות גם הוא, האחים זנגקי בפורט-סעיד ופיורילו באלכסנדריה.

צלמים תושבים בארץ ישראל היו ג"יימס גראהם (1853), מנדל ג'ון דינס (1856), הארמני ישי גאראבדיאן (1860), פטר ברגהיים (1863), גראבד קריקוריאן (1870), ישעיהו רפאלוביץ' (1894) וצלמי המושבה האמריקנית (מביקור הקיסר וילהלם השני ב-1898).

על פי החוקר רוריכט, שפרסם את הביבליוגרפיה המקיפה של ספרי א"י, למעלה מ-3,000 ספרים פורסמו לפני שנת 1878, מהם כ-2,000 בין שנת 1800 לשנת 1878 ומתוך אלה, הרוב, כ-1,600, פורסמו בארבעים השנים שבין 1838 ל-1878.

לא מעט מ-1,600 הספרים הללו היו מאוירים באמצעות תחריטים. חלק מהם על פי צילומים, שנקנו מהמלאי הקיים של צלמים שעבדו או ביקרו בארץ, או שנעשו על ידי צלם, שהסופר שכר את שירותיו, או אפילו על ידי הסופר עצמו.

מאז הופעת הצילום עצמו בדפוס בשנת 1880 והשתכללות שיטות ההדפסה בשלהי המאה ה-19, שהביאו להדפסת צילומים בחדות וניגודיות מתקבלים על הדעת, יצאו לאור יותר ספרים מאוירים באמצעות צילומים ופחות ספרים המאוירים באמצעות תחריטים. בסופה של המאה ה-19 ניצח הצילום את התחריט.

תערוכה זו מציגה את ירושלים במאה ה-19 בצילומים ותחריטים, ומאפשרת השוואה בין מראות עיר הקודש של לפני למעלה ממאה שנה.

מאוחר יותר נעזרו אמנים אוריינטליסטים בצילומים לצורך ביצוע עבודותיהם; כך, למשל, ז'אן ליאון ג'רום, שהתלהב מתהליך הצילום ונעזר בצילומים שצילם; הצייר תומס סדון הביא מארץ הקודש צילומים שצילם ידידו ג'יימס גרהאם; ויוג'ין דלקרואה השתמש בפורטרטים אתנוגרפיים, שצילם ידידו הצלם יוג'ין דוריו. גם הציירים לודוויג דויטש, ויליאם הולמן־האנט ופרדריק צ'רץ' השתמשו בצילומים של ביאטו, בונפיס, גרהאם ואחרים. בראשית דרכה חיקתה המצלמה את הציור. הצלמים הראשונים ביקשו להנציח את המראות שראו בתחריטים בספריהם של מאייר, טרנר, רוברטס, ברטלט ואחרים.

השוואה בין ציורים לצילומים, שנמכרו למבקרים בארץ הקודש בצורה מסחרית, מצביעה על דמיון רב ביניהם, במיוחד מאז החלו צלמים מקומיים למכור מעבודותיהם בשנות השישים של המאה ה־19.

למרות שבימים ההם טרם למדה המצלמה לשקר, הצלמים לא היו חפים לגמרי מ מניפולציות. בהיותם ערים לכך שקשה לצופה להתלהב מנופים שוממים ומחורבות, למרות הקשר שלהם לסיפורי הקודש, הוסיפו דמויות או חיות (גמלים, חמורים, סוסים וצאן) והעמידו אותם בצורה מלאכותית במקומות אסטרטגיים. תוספות אלה תרמו לפעמים להבהרת מהות המקום המצולם (ראה את "דוגמני" בונפיס ליד הכותל, בכנסיית הקבר, בתפילה במסגד וכו').

בין המצאת הצילום, בשנת 1839, לבין המצאת לוח הדפוס בחצאי גוונים עברו ארבעים שנה (הצילום הראשון הופיע בדפוס ב־4 במרס 1880, ב"ניו־יורק דיילי גראפיק"). במהלך ארבעים השנים האלה הוצג הצילום לציבור כשהוא מודבק לדפי הספר, בצורת תמונות סטריאוסקופיות תלת־ממדיות שניתן היה לצפות בהן בעזרת הסטריאוסקופ, או בעיבוד לתחריטים.

ראשוני הצלמים בארץ ישראל, הוראס ורנה ופרדריק גופיל־פסקה, צילמו במצלמת דאגרוטייפ מיד לאחר ביקורם במצרים, שהחל ב־6 בנובמבר 1839 (שלושה חודשים לאחר המצאת הדאגרוטייפ). התמונות הבודדות על לוח מוכסף, שלא ניתן היה לשכפלן, עובדו לתחריטים והופיעו בספר שהודפס בפריס בשנת 1841. כך גם הדאגרוטייפים שצילם ג'וזף פיליברט ז'ירו דה־פרנג'י ב־1842, ואלה שצולמו בידי ג'ורג' סקין קית ב־1844. צילומיו של מקסים דו קאמפ (שסייר באזור בשנת 1849 עם הסופר גוסטב פלובר) היו בשיטת הקאלוטייפ (נייר מצופה מלח), שאפשרה שכפול תמונות. אלה הודבקו בספר שהודפס בפריס בשנת 1852. ב־1854 צילם בארץ אוגוסט זלצמן, שביקש להוכיח בעזרת צילומים את ממצאיו של ידידו הארכיאולוג פליסיין דה סוסי. גם הצלם הצרפתי לואי דה־קלרק, שצילם בארץ ב־1859, ליווה משלחת ארכיאולוגית־מדעית. צלמים אלה באו ארצה בעיקר כדי לאשש בסיוע הצילום עובדות ארכיאולוגיות.

מסוף שנות החמישים של המאה ה־19 ביקרו בארץ צלמים רבים. תמונות של כמה מהם

ירושלים מבעד לעדשה

דן כירם

עד שנת 1839 היו אלה הציירים והחרטים שתיארו חזותית את העולם ומראותיו, חפציו, תושביו ויצירותיהם.

בראשית המאה ה־19, לאחר נסיגתו של נפוליאון מהאזור, נפתח המזרח־התיכון למבקרים מהמערב ועמם הגיעו ציירים שיכלו לצייר במקום את אשר ראו מבלי להיחשד בריגול, (חשד שליווה מבקרים הרפתקנים, שסיכנו את עצמם בביקור באזור לפני כן). בתקופה שלפני המצאת הצילום עסקו הציורים, שהגיעו מהמזרח־התיכון לאירופה, בנושאים ארכיאולוגיים, אתנוגרפיים או טופוגרפיים.

התקופה הרומנטית הניעה את האמנים האירופים לחפש את הנשגב, הנאצל והציורי שבמזרח־התיכון. זאת על אף שעריו היו למעשה קטנות ועלובות, נופיו משעממים והאוכלוסייה דלילה ונחשלת.

התנ"ך וסיפוריו, יחד עם פתיחת האזור למבקרים וסופרים, הגביר את התיאבון לתיאורים חזותיים תואמים. כך הגיע בשנת 1839 הצייר דייויד רוברטס לאזור. תיאוריו הציגו מודל לחיקוי של ציור כמעט מדויק עם קורטוב של התלהבות ודמיון. ציורים דומים ציירו גם לואיג'י מאייר בשירות פטרונו, השגריר הבריטי בקונסטנטינופול, סר רוברט איינסלי, ג'.מ.וו.טרנר (שמעולם לא ביקר בארץ, אך תרגם את רישומיו המדויקים של הארכיטקט סר צ'רלס באריי, שביקר בה בשנת 1819), והצייר ויליאם הנרי ברטלט.

בשנת 1839 נולד הצילום ומרגע שנולד נוצרה בין טכנולוגיה חדשה זו, שהפכה מהר מאוד לאמנות, לבין האמנויות הגרפיות המסורתיות — הציור והתחריט — מערכת יחסים מורכבת המשלבת השפעות הדדיות חזקות ביותר. המצלמה, שבעשורים הראשונים לקיומה טרם למדה לשקר, חוללה מהפכה מכיוון שהביאה לדיוק חסר תקדים בדיווח החזותי. המצאת הצילום שחררה את הציירים מהצורך לספק דיווח חזותי מדויק ואפשרה לרבים מהם להפעיל את דמיונם ולעשות מניפולציה של מרחב, אור ואווירה כדי ליצור אפקטים מיוחדים מבלי להרוס לגמרי את אשליית המציאות. הציירים עברו מדיווח לביטוי חזותי.

ירושלים מבעד לעדשה ובמכחול

יוסף חכמי

כאשר, לפני 25 שנה, התחלתי לאסוף אמנות ישראלית ראיתי לנגד עיני לא רק את ההיבט האמנותי של היצירות שאספתי, אלא גם את ההיבט ההיסטורי והאתנוגרפי: איך נראתה ארץ ישראל בזמנו ואיך האנשים חיו בה. לכן ייחסתי חשיבות לעבודות אמנות המתארות את החיים בארץ, את נופיה ואת דיוקן תושביה באותם זמנים, כל זאת נוסף על הפן האמנותי. מטעמים אלה החלטתי, שנים לאחר מכן, להרחיב את תחומי האוסף ולכלול בו גם את עבודות הצילום ההיסטוריות המתעדות את ארץ ישראל במאה ה־19.

מתברר שבמאה ה־19 משכה אליה ארץ ישראל לא רק מדינאים, חיילים ואנשי רוח, אלא גם אנשי אמנות — סופרים, ציירים וצלמים, שתיעדו את הארץ מאז ראשיתו של הצילום. אחד הצלמים הראשונים היה הצרפתי פרדריק גופיל־פסקה, שצילם את ירושלים לראשונה בדאגרוטייפ עוד בשנת 1839. אחריו הגיעו צלמים, בני אומות שונות, חלק מהם אף התיישב בירושלים ולימד את תושביה צילום, ובתוך כך הנחיל ידע גם לצלמי העיר. צילומים אלה משקפים בחדות ובמקצועיות את ההווייה הירושלמית על תושביה, אתריה המקודשים וחיי היומיום בה. הם אינם עושים אידיליזציה של ההוד או של הקושי שבחיים בירושלים, אלה היו קיימים אז כפי שהם קיימים היום.

אני שמח להיות שותף לחשיפה מחדש של אוצר הצילומים של ירושלים במאה ה־19 ולחלוק אתכם את חווית האספן ואת הנאתו כשהוא רואה את אוספיו מוצגים במוזיאון היפה והמרתק הזה בירושלים.

אני מבקש להודות לכל מי שעשה במלאכה ותרם לתערוכה זו ובמיוחד לדן כירם, אוצר התערוכה, ולאבי הרעיון, עמוס מר־חיים. לכבוד הוא לי לתת את חסות חברת "הפניקס הישראלי" לתערוכה.

"שַׁאֲלוּ שְׁלוֹם יְרוּשָׁלָיִם
יִשְׁלָיוּ אֹהֲבָיִךְ"
(תהילים קכב, ו')

מוזיאון ארצות המקרא בירושלים הוקם בשנת 1992 והוא מציג את אחד מהאוספים החשובים בעולם של עתיקות וחפצי אמנות מאזור המזרח הקדום. האוסף מאיר באופן חי את תולדות ישראל בתקופת המקרא, ואת תרבותם של העמים הנזכרים בתנ"ך, מקור ההשראה ליהדות ולנצרות — שורשיו בירושלים, לב־לבה של ארץ הקודש. במהלך הדורות התאמצו אמנים לתת ביטוי פלסטי לאופיה המיוחד של ירושלים, ועם המצאת הצילום, במאה ה־19, הצטרפו אליהם צלמים רבים.

לכבוד חגיגות העשור להקמת המוזיאון וציון 35 שנה לאיחוד ירושלים, אנו גאים להציג את התערוכה **מראות נצח — ירושלים במאה ה־19 בצילום ובציור**. התערוכה מציגה אוסף נדיר של מראות ירושלים כפי שהונצחו על ידי עדשת המצלמה ובאמצעות מכחול האמן. ירושלים מהווה זה כאלף שנה מקור השראה לבני שלוש הדתות המונותאיסטיות. אנו תקווה שאתם, החולקים עמנו את אהבת העיר, תיהנו מהתערוכה ומהספר המלווה אותה.

אנו רוצים להודות למר יוסף חכמי ולחברת הפניקס הישראלית, שהוא עומד בראשה, על שנתן את תמיכתו לתערוכה ועל שהשאיל מאוספו מוצגים עבורה, וגם למר דן כירם, אוצר ומארגן התערוכה, על השאלת צילומים רבים מהאוסף הפרטי שלו.
תודה מיוחדת למר עמוס מר־חיים על שהשאיל מאוסף ההדפסים והרישומים שלו. חזונו וחכמתם הם שהביאו את כל הנוגעים בדבר לשיתוף פעולה למען הצלחת התערוכה והקטלוג. כמו כן רוצים אנו להודות ל"כתר הוצאה לאור" על פרסום עוד קטלוג יפה.

בתיה בורובסקי
מנכ"ל
מוזיאון ארצות המקרא, ירושלים

פרסום הקטלוג התאפשר הודות לתמיכתם הנדיבה של:

יוסף חכמי — הפניקס הישראלי
המוסד לארכיאולוגיה של ארצות המקרא, טורונטו, קנדה
משרד המדע, התרבות והספורט

הקטלוג יוצא לאור לרגל תערוכה מיוחדת
שנערכה במוזיאון ארצות המקרא ירושלים:

מראות נצח — ירושלים במאה ה־19 בצילום ובציור
כ"ו באייר, תשס"ב

המשאילים
יוסף חכמי — הפניקס הישראלי
דן כירם
עמוס מר־חיים

תערוכה:
אוצר: דן כירם
פרסום ועיתונות: אמנדה וייס

קטלוג:
עיצוב גרפי: נעמי מורג
עריכה בעברית: מרים קורלרו
עריכה באנגלית: לינדסי טיילור־גודהרץ
מתאמת הפקה: סו בלייסדל
צילומים: דוד חריס (הדפסים וציורים)
הפרדות, הדפסה וכריכה: מפעלי דפוס כתר, ירושלים

אין להעתיק פרסום זה או קטעים ממנו, בשום צורה, ללא אישור בכתב.
© **כל הזכויות שמורות למוזיאון ארצות המקרא ירושלים**
ת.ד. 4670, ירושלים 91046, ישראל
www.blmj.org

ISBN 965-7027-13-6

מראות נצח
ירושלים במאה ה-19 בצילום ובציור

מאוספי:

יוסף חכמי — חברת הפניקס הישראלי

דן כירם

עמוס מר-חיים

מוזיאון ארצות המקרא ירושלים